ALPHONSE DAUDET
(1840–1897)

est né à Nîmes le 13 mai 1840. Il fait ses études au lycée de Lyon. Après une jeunesse assez vaga-bonde, son frère le pousse à venir à Paris pour tenter la fortune littéraire. Là il se fait remarquer par le *duc de Morny,* dont il devient le secrétaire.

Un *recueil* de vers, LES AMOUREUSES (1858), le fait connaître, mais il ne devient célèbre qu'après la publication des LETTRES DE MON MOULIN (1866).

A partir de ce moment, la carrière de Daudet fut triomphale, *assombrie* les dernières années par une maladie cruelle.

Parmi les œuvres de ce grand *naturaliste,* l'on peut, en plus, compter LE PETIT CHOSE (1868), TARTARIN DE TARASCON (1872), CONTES DU LUNDI (1873), et une pièce de théâtre, L'ARLÉSIENNE (1872), pour laquelle Bizet a écrit une belle musique de scène.

---

duc de Morny, homme politique français, qui participa au coup d'État contre Napoléon III en 1851
recueil, réunion de textes
assombrir, rendre triste
naturaliste, écrivain appartenant à l'école du naturalisme, genre littéraire groupé autour d'Émile Zola. Cette école se proposait de reproduire la nature, la réalité, aussi exactement que possible

LETTRES
DE MON MOULIN

Le vocabulaire de ce livre est fondé sur
Börje Schlyter: Centrala Ordförrådet i Franskan
Günter Nickolaus: Grund- und Aufbauwortschatz Französisch
Georges Gougenheim: Dictionnaire Fondamental
de la Langue Française

REDACTEUR:
Ellis Cruse *Danemark*

CONSEILLERS:
Ragnhild Billaud *Norvège*
André Fertey *U.S.A.*

P 147 27

448 · 6 DAU

Illustrations: Oskar Jørgensen

© 1975 par GRAFISK FORLAG S.A.
ISBN Danemark 87 429 7544 1

Imprimé au Danemark par
Grafisk Institut S.A., Copenhague

La *chèvre* de M. Seguin

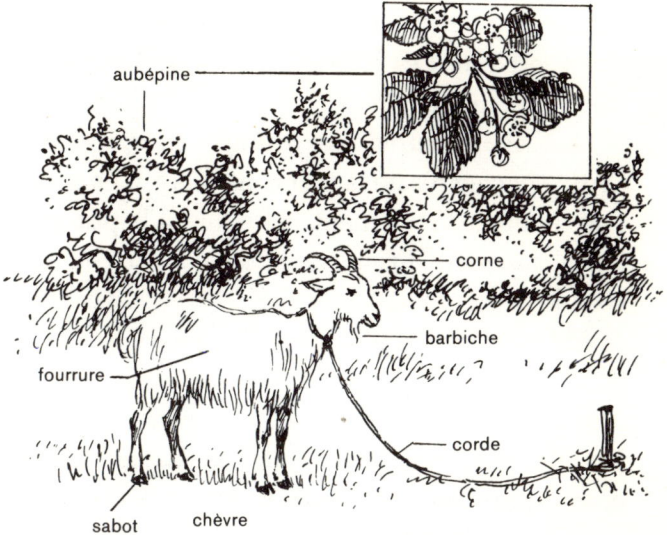

M. Seguin n'avait jamais eu de bonheur avec ses chèvres.

Il les perdait toutes de la même façon : un beau matin, elles *cassaient* leur *corde,* s'en allaient dans la montagne, et là-haut le *loup* les mangeait. Ni les *caresses* de leur maître, ni la peur du loup, rien ne les retenait. C'étaient, paraît-il, des chèvres

---

casser, ici : rompre en tirant dessus
loup, animal sauvage qui ressemble au chien
caresse, le fait de toucher qn de la main en signe d'affection

indépendantes, voulant à tout prix le grand air et la *liberté.*

Le brave M. Seguin, qui ne comprenait rien au caractère de ses bêtes, était très triste. Il disait :

– C'est fini. Les chèvres *s'ennuient* chez moi, je n'en garderai pas une.

Mais il ne perdit pas courage et, après avoir perdu six chèvres de la même manière, il en acheta une septième. Seulement, cette fois, il la prit toute jeune, espérant qu'elle *s'habituerait* mieux à vivre chez lui.

Ah! qu'elle était jolie la petite chèvre de M. Seguin! qu'elle était jolie avec ses yeux doux, sa *barbiche,* ses *sabots* noirs et sa *fourrure* blanche! Et puis, elle était obéissante, se laissait caresser et *traire* sans bouger. *Un amour de* petite chèvre . . .

M. Seguin avait derrière sa maison un *clos* entouré d'*aubépines.* C'est là qu'il mit la nouvelle *pensionnaire.* Il l'attacha à un arbre, au plus bel endroit

---

indépendant, qui n'obéit à personne; libre
liberté, ici : condition d'un animal qui n'appartient pas à un maître
s'ennuyer, trouver le temps long
s'habituer, accepter, avec le temps, une certaine façon d'être ou d'agir
barbiche, sabot, fourrure, aubépine, voir illustration page 5
traire, tirer le lait d'une vache ou d'une chèvre
un amour de, expression d'affection
clos, petit terrain fermé
pensionnaire, qn qui est logé et nourri

du *pré*, en lui laissant beaucoup de corde, et de temps en temps il venait voir si elle était bien. La chèvre se trouvait très heureuse et *broutait* l'herbe avec tant d'appétit que M. Seguin *était ravi*.

– Enfin, pensait le pauvre homme, en voilà une qui ne s'ennuiera pas chez moi!

M. Seguin *se trompait*, sa chèvre s'ennuya.

Un jour, elle se dit en regardant la montagne :

– Comme on doit être bien là-haut! Quel plaisir de courir dans la *bruyère*, sans cette corde qui vous *écorche* le cou! C'est bon pour l'*âne* ou pour le *bœuf* de brouter dans un clos! Les chèvres, il leur faut de la place.

A partir de ce moment, l'herbe du clos lui parut *fade*. L'ennui vint. Elle *maigrit*, et elle n'eut presque plus de lait. C'était triste de la voir tirer toute la journée sur sa corde, la tête tournée vers la montagne, en faisant «Mé»!

M. Seguin s'apercevait bien que sa chèvre avait

---

pré, petit terrain avec de l'herbe
brouter, manger de l'herbe
être ravi, être plein de joie
se tromper, avoir des idées qui ne sont pas exactes; faire erreur
bruyère, voir illustration page 14
écorcher, blesser légèrement la peau
âne, animal qui, comme le cheval, est élevé par les hommes et vit près d'eux
bœuf, animal que l'on élève pour ensuite le manger
fade, sans aucun goût
maigrir, perdre du poids

7

quelque chose, mais il ne savait pas ce que c'était. Un matin, comme il achevait de la traire, la chèvre se retourna et lui dit dans son *langage :*

– Ecoutez, monsieur Seguin, je m'ennuie chez vous, laissez-moi aller dans la montagne.

– Ah! mon Dieu! Elle aussi! cria M. Seguin *stupéfait.*

Puis, s'asseyant dans l'herbe à côté de sa chèvre :

– Comment, *Blanquette,* tu veux me quitter! Et Blanquette répondit:

– Oui, monsieur Seguin.

– Est-ce que l'herbe te manque ici?

– Eh! non! monsieur Seguin.

– Tu es peut-être attachée de trop court; veux-tu que j'*allonge* la corde?

– Ce n'est pas la peine, monsieur Seguin.

– Alors, qu'est-ce qu'il te faut? Qu'est-ce que tu veux?

– Je veux aller dans la montagne, monsieur Seguin.

– Mais, malheureuse, tu ne sais pas qu'il y a le loup dans la montagne? Que feras-tu quand il viendra?

---

langage, façon de parler
stupéfait, fortement surpris
Blanquette, vient de blanc. Nom donné à la chèvre à cause de sa fourrure blanche
allonger, rendre plus long

8

– Je lui donnerai des coups de *corne,* monsieur Seguin.

– Le loup *se moque* bien de tes cornes. Il m'a mangé des chèvres qui avaient des cornes autrement plus terribles que les tiennes . . . Tu sais bien, la pauvre vieille Renaude qui était ici l'année dernière? Une belle chèvre, forte et *méchante* comme un *bouc.* Elle s'est battue avec le loup toute la nuit . . . puis, le matin, le loup l'a mangée.

– Quelle pitié! Pauvre Renaude! . . . Ça ne fait rien, monsieur Seguin, laissez-moi aller dans la montagne.

– Mon Dieu! dit M. Seguin. Mais qu'est-ce qu'on leur fait donc à mes chèvres? Encore une que le loup va me manger. Eh bien, non! Je te sauverai malgré toi, petite folle! Et de peur que tu ne rompes ta corde, je vais t'enfermer dans l'*étable,* et tu y resteras toujours.

Après quoi, M. Seguin emporta la chèvre dans une étable toute noire, dont il ferma la porte à *clef.* Malheureusement, il avait oublié la fenêtre, et à peine eut-il tourné le dos, que la petite s'en alla . . .

---

corne, voir illustration page 5
se moquer, ici : ne pas avoir peur; ne pas prendre au sérieux
méchant, qui aime faire le mal
bouc, mâle de la chèvre
étable, bâtiment de ferme, où l'on met les bœufs et les vaches
clef, voir illustration page 14

chamois

plateau

Quand la chèvre blanche arriva dans la montagne, ce fut une joie générale. On la reçut comme une princesse. Les fleurs s'ouvraient sur son passage. Jamais les arbres n'avaient rien vu d'aussi joli. Ils *se baissaient* jusqu'à terre pour la caresser du bout de leurs *branches*.

---

se baisser, se pencher beaucoup
branche, voir illustration page 14

plaine — fumée

toit

Que notre chèvre était heureuse! Plus de corde, plus rien pour l'empêcher de courir, de brouter comme elle le désirait. Et il y en avait de l'herbe! Jusque *par-dessus* les cornes. C'était bien autre chose que l'herbe du clos. Et les fleurs donc!

La chèvre blanche, à moitié *ivre,* se roulait là-

---

par-dessus, au dessus de
ivre, qui a bu trop de vin; ici : folle de joie

dedans, les jambes en l'air. Puis, soudainement, d'un *bond,* elle se mettait debout sur ses *pattes* et, hop! la voilà partie, courant la tête en avant, tantôt en haut dans la montagne, tantôt en bas, partout . . . On aurait dit qu'il y avait dix chèvres de M. Seguin dans la montagne.

Car elle n'avait peur de rien, la Blanquette.

Une fois, s'avançant au bord d'un *plateau,* une fleur aux dents, elle aperçut en bas, dans la *plaine,* la maison de M. Seguin avec le clos derrière. Cela la fit rire aux larmes.

– Que c'est petit! dit-elle. Comment ai-je pu *tenir* là-dedans?

Pauvre petite, du haut de sa montagne, elle se croyait au moins aussi grande que le monde...

Ce fut une bonne journée pour la chèvre de M. Seguin. Vers le milieu de la journée, en courant de droite et de gauche, elle tomba dans un *troupeau* de *chamois* en train de manger des plantes. Notre petite chèvre en robe blanche fit sensation. On lui donna une place d'honneur, et tous ces

---

bond, saut
patte, la jambe d'un animal
plateau, plaine, chamois, voir illustration pages 10 et 11
tenir, ici : avoir assez de place
troupeau, groupe d'animaux qui vivent ensemble

messieurs furent très galants. Il paraît même qu'un jeune chamois à fourrure noire eut la chance de plaire à Blanquette, et les deux amoureux partirent se promener dans le bois une heure ou deux.

cloche

Tout à coup, le vent se fit plus froid. La montagne : devint toute noire; c'était le soir...

– Déjà! dit la petite chèvre; et elle s'arrêta très étonnée.

En bas, le clos de M. Seguin disparaissait dans le *brouillard,* et de la petite maison on ne voyait plus que le *toit* avec un peu de *fumée.* Elle écouta les *cloches* d'un troupeau qu'on ramenait à l'étable, et se sentit toute triste. Un oiseau la *frôla* en passant. Elle *tressaillit...* puis ce fut un *hurlement* dans la montagne :

– Hou! hou!

---

brouillard, pluie fine qui empêche de voir
toit, fumée, voir illustration pages 10 et 11
frôler, toucher légèrement
tressaillir, faire un petit saut sous l'effet de la peur ou de la surprise; trembler
hurlement, grand crii (ici : du loup)

13

branche

feuille

trompe

clef

brin d'herbe

bruyère

Elle pensa au loup; de toute la journée la folle n'y avait pas pensé... Au même moment une *trompe* sonna très loin dans la *vallée*. C'était ce bon M. Seguin qui tentait un dernier effort.

---

vallée, terrain allongé entre deux montagnes

– Hou! hou!... faisait le loup.

– Reviens! reviens!... criait la trompe.

Blanquette eut envie de revenir. Mais en se rappelant la corde et le clos, elle pensa que maintenant elle ne pouvait plus s'habituer à cette vie, et qu'il valait mieux rester.

La trompe ne sonnait plus...

La chèvre entendit derrière elle un bruit de *feuilles*. Elle se retourna et vit dans l'ombre deux oreilles courtes, toutes droites, avec deux yeux qui brillaient... C'était le loup.

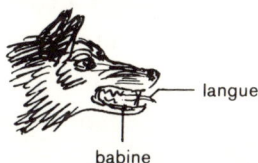

langue

babine

Énorme, assis sans bouger, il était là regardant la petite chèvre blanche avec envie. Comme il savait bien qu'il la mangerait, le loup ne *se pressait* pas. Seulement, quand elle se retourna, il se mit à rire méchamment.

– Ha! ha! la petite chèvre de M. Seguin! Et il passa sa grosse *langue* rouge sur ses *babines*.

Blanquette se sentit perdue. Un moment, en se rappelant l'histoire de la vieille Renaude, qui s'était battue toute la nuit pour être mangée le matin, elle

se presser, faire vite

se dit qu'il vaudrait peut-être mieux se laisser manger tout de suite. Puis, elle *fit face,* la tête basse et la corne en avant en brave petite chèvre de M. Seguin qu'elle était. Non pas qu'elle eût l'espoir de tuer le loup, – les chèvres ne tuent pas le loup, – mais seulement pour voir si elle pourrait tenir aussi longtemps que la Renaude ...

Alors le *monstre* s'avança, et les petites cornes se mirent à danser.

Ah! la brave petite chèvre, comme elle se défendait bien. Plus de dix fois elle força le loup à *reculer.* Elle en profitait pour manger vite encore un *brin d'herbe,* puis elle retournait au *combat,* la bouche pleine. Cela dura toute la nuit. De temps en temps la chèvre de M. Seguin regardait les *étoiles* danser dans le ciel, et elle se disait :

– Oh! *pourvu que* je tienne jusqu'à l'*aube* ...

L'une après l'autre, les étoiles s'éteignirent. Blanquette redoubla de coups de cornes, le loup de coups de dents. Une lumière pâle parut dans l'horizon. Le *chant* d'un *coq* monta de la vallée.

---

faire face, se battre avec courage
monstre, animal extraordinaire, énorme ou terrible
reculer, aller en arrière
brin d'herbe, voir illustration page 14
combat, action de se battre
pourvu que, (+ subj.), si je pouvais
aube, lever du jour
chant, ici : cri du coq

étoile

coq

– Enfin! dit la pauvre bête, qui n'attendait plus que le jour pour mourir. Et elle se coucha par terre dans sa belle fourrure blanche toute *tachée* de sang...

Alors le loup se jeta sur la petite chèvre et la mangea.

---

tacher, rendre sale

Questions

1. Pourquoi M. Seguin n'a-t-il pas de chance avec ses chèvres?

2. Comment Blanquette s'échappe-t-elle de l'étable?

3. Comment est-elle reçue dans la montagne?

4. Pourquoi hésite-t-elle à rentrer, le soir tombé?

5. Qu'est-ce qui explique le courage de Blanquette dans son combat avec le loup?

La mort du *Dauphin*

Le petit Dauphin est malade, le petit Dauphin va mourir... Dans toutes les *églises* du *royaume,* de grands *cierges* brûlent pour la *guérison* de l'enfant du roi. Les rues de la ville sont tristes et *silencieuses,* les cloches ne sonnent plus, les voitures vont lentement. Autour du château, les gens curieux regardent, à travers les *grilles,* des *suisses* qui parlent dans les cours d'un air important.

Dauphin, fils du roi qui doit devenir roi à son tour
royaume, pays du roi
guérison, action de rendre la santé à un malade
silencieux, sans aucun bruit

mouchoirs

perron   révérence

dame d'honneur

L'émotion est grande au château. Les *chambellans* montent et descendent en courant les escaliers de *marbre*. Les *pages* et les *courtisans* vont d'un groupe à l'autre demander des nouvelles à voix basse. Sur les larges *perrons,* les *dames d'honneur* en larmes se font de grandes *révérences* en essuyant leurs yeux avec de jolis *mouchoirs* brodés.

Dans une des pièces est rassemblé un groupe de médecins en *robe.* On les voit, à travers les fe-

---

chambellan, officier s'occupant du service intérieur de la chambre du roi

marbre, pierre très dure et belle, dont on se sert pour construire

page, jeune homme au service d'un seigneur

courtisan, homme faisant partie de la cour du roi

robe, ici : vêtement porté par les hommes de certaines professions

nêtres, agiter leurs bras et leurs grandes *perruques* blanches.

Et le roi? Où est le roi? Le roi s'est enfermé tout seul dans une chambre, au bout du château. Les rois n'aiment pas qu'on les voie pleurer. Pour la reine, c'est autre chose. Assise à la tête du lit du petit Dauphin, elle a son beau visage couvert de larmes, et *sanglote* bien haut devant tous.

Dans son lit de *dentelles,* le petit Dauphin, plus blanc que les *coussins* sur lesquels il est couché, repose, les yeux fermés. On croit qu'il dort; mais non. Le petit Dauphin ne dort pas. Il se retourne vers sa mère, et voyant qu'elle pleure, il lui dit :

– Madame la reine, pourquoi pleurez-vous? Est-ce que vous croyez vraiment que je vais mourir?

La reine veut répondre. Les sanglots l'empêchent de parler.

– Ne pleurez donc pas, madame la reine. Vous oubliez que je suis le Dauphin, et que les Dauphins ne peuvent pas mourir ainsi...

La reine sanglote encore plus fort, et le petit Dauphin commence à avoir peur.

– Non! dit-il, je ne veux pas que la mort vienne me prendre, et je saurai bien l'empêcher d'arriver jusqu'ici. Qu'on fasse venir tout de suite quarante

---

perruque, coiffure de faux cheveux
sangloter, pleurer très fort
dentelle, coussin, voir illustration page 22

21

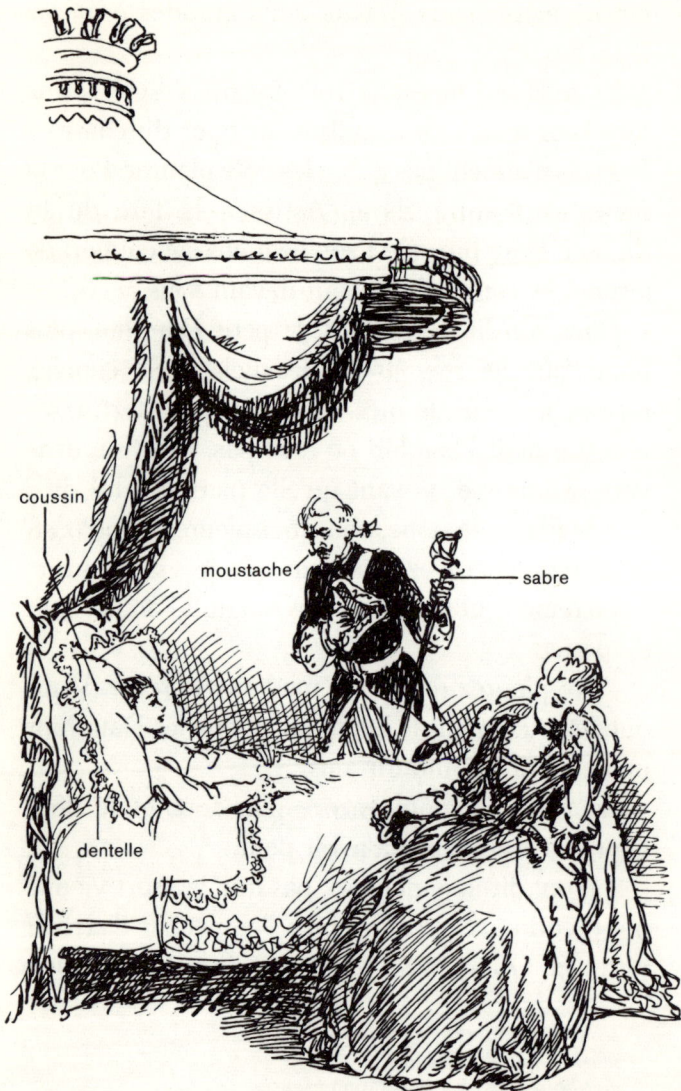

coussin

moustache

sabre

dentelle

soldats très forts pour *monter la garde* autour de *notre* lit. Que cent gros canons *veillent* jour et nuit, sous *nos* fenêtres! Et malheur à la mort, si elle ose s'approcher de *nous!*

Pour faire plaisir à l'enfant *royal,* la reine fait un signe. Bientôt, on entend les gros canons qui roulent dans la cour. Et quarante soldats, le *sabre* à la main, viennent se ranger autour de la chambre. Ce sont de vieux soldats à *moustaches* grises. Le petit Dauphin bat des mains en les voyant. Il en reconnaît un et l'appelle :

– Lorrain! Lorrain!

Le soldat fait un pas vers le lit.

– Je t'aime bien, mon vieux Lorrain. Fais voir un peu ton grand sabre . . . Si la mort veut me prendre, il faudra la tuer, n'est-ce pas?

Lorrain répond :

– Oui, *monseigneur.*

Et il y a deux grosses larmes qui coulent sur ses joues.

A ce moment, l'*aumônier* s'approche du petit Dauphin et lui parle longtemps à voix basse. Le petit

---

monter la garde, terme militaire = surveiller
notre, nos, nous, pluriel, car c'est une majesté qui parle
veiller, empêcher qu'il arrive du mal à qn
royal, du roi
monseigneur, titre donné à un prince
aumônier, prêtre du roi

Dauphin l'écoute d'un air très étonné, puis tout à coup l'interrompant :

– Je comprends bien ce que vous me dites, monsieur l'*abbé*. Mais enfin est-ce que mon petit ami Beppo ne pourrait pas mourir à ma place, en lui donnant beaucoup d'argent? ...

L'aumônier continue à lui parler à voix basse, et le petit Dauphin a l'air de plus en plus étonné.

Quand l'aumônier a fini, le petit Dauphin reprend avec un gros *soupir* :

– Tout ce que vous me dites là est bien triste, monsieur l'abbé. Mais une chose me *console,* c'est que là-haut, dans le *paradis* des étoiles, je vais être encore le Dauphin ... Je sais que le bon Dieu est mon cousin et *ne* peut *pas manquer de* me traiter selon mon rang.

Puis il ajoute, en se tournant vers sa mère :

– Je voudrais mes plus beaux habits, ma veste d'*hermine* blanche et mes *escarpins!* Je veux me faire brave pour les *anges* et entrer au paradis en costume de Dauphin.

Une troisième fois, l'aumônier se penche vers le

---

abbé, prêtre catholique

soupir, respiration profonde qui laisse entendre que l'on est triste

consoler, aider à supporter son chagrin

paradis, endroit, dans le ciel, où l'on est toujours heureux après la mort

ne pas manquer de, faire sûrement

petit Dauphin et lui parle longuement à voix basse. Au milieu de son *discours,* l'enfant royal l'interrompt avec colère :

– Mais alors, crie-t-il, d'être Dauphin, ce n'est rien du tout!

Et, sans vouloir plus rien entendre, le petit Dauphin se tourne vers le mur, et il pleure *amèrement.*

hermine

escarpin

ange

---

discours, suite de paroles que l'on adresse à qn
amèrement, avec tristesse et déception

Questions

1. Quelle est l'atmosphère qui règne dans le palais?

2. Quel est le vœu du petit Dauphin malade?

3. Que fait la reine pour lui faire plaisir?

4. Quelle est la réponse du petit Dauphin à l'aumônier?

5. Pourquoi le Dauphin pleure-t-il?

Le *curé* de *Cucugnan*

chaire

araignée

L'abbé Martin était curé . . . de Cucugnan.

---

curé, prêtre catholique dans un village
Cucugnan, nom qui fait rire, et qui évoque un tout petit village

Bon comme le pain, *franc* comme l'or, il aimait *paternellement* ses *Cucugnanais*. Pour lui, son Cucugnan aurait été le paradis sur terre, si les Cucugnanais lui avaient donné un peu plus de satisfaction. Mais, hélas! seules les *araignées* étaient fidèles à son église, et le bon prêtre en avait le cœur triste. Il demandait à Dieu la grâce de ne pas mourir avant d'avoir ramené son troupeau *dispersé*.

Or, vous allez voir que Dieu l'entendit.

Un dimanche, après l'Evangile, M. Martin monta en *chaire*.

– Mes frères, dit-il, vous me croirez si vous voulez : l'autre nuit, je me suis trouvé à la porte du paradis.

Je frappai : saint Pierre m'ouvrit.

– Tiens! c'est vous, mon brave monsieur Martin, me fit-il. Qu'y a-t-il pour votre service?

– Beau saint Pierre, vous qui tenez le grand livre et la clef, pourriez-vous me dire, si je ne suis pas trop *curieux,* combien vous avez de Cucugnanais en paradis?

– Je n'ai rien à vous refuser, monsieur Martin. Asseyez-vous, nous allons voir la chose ensemble.

---

franc, (franche) qui dit la vérité
paternellement, comme un père
Cucugnanais, habitant de Cucugnan
araignée, chaire, voir illustration page 27
disperser, faire partir dans toutes les directions
curieux, qui veut tout savoir

Et saint Pierre prit son grand livre, l'ouvrit, mit ses grosses *lunettes* :

– Voyons un peu : Cucugnan, disons-nous. Cu . . . cu . . . Cucugnan. Voilà! Cucugnan. Mon brave monsieur Martin, la page est toute blanche. Pas une âme . . .

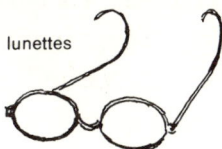

lunettes

– Comment! Personne de Cucugnan ici? Personne? Ce n'est pas possible! Regardez mieux.

– Personne, saint homme. Regardez vous-même, si vous croyez que je *plaisante*.

Pauvre de moi! Je frappais des pieds, et, les mains jointes, je *criais miséricorde*. Alors, saint Pierre :

– Croyez-moi, monsieur Martin, il ne faut pas vous mettre dans cet état-là, car vous pourriez avoir une *attaque*. Ce n'est pas votre faute, après tout. Vos Cucugnanais, voyez-vous, doivent faire un petit séjour en *purgatoire*.

– Ah! par pitié, grand saint Pierre! Laissez-moi au moins aller les voir et les consoler.

– Si vous voulez, mon ami . . . Tenez, mettez

plaisanter, dire ou faire qc pour amuser; ici : se moquer de qn
crier miséricorde, demander pitié
attaque, attaque de cœur
purgatoire, lieu où les âmes des morts sont punies pendant un certain temps avant d'aller au paradis

croix   aile

ceinture

ronce   serpent   sandale   sentier

vite ces *sandales,* car les chemins ne sont pas bien beaux. Maintenant, prenez le chemin droit devant vous. Voyez-vous là-bas, au fond, en tournant? Vous trouverez une porte d'argent toute couverte de *croix* noires. Vous frapperez, on vous ouvrira...

Et je marchai ... je marchai! Quel chemin! Je tremble encore, rien que d'y penser. Un petit *sentier,* plein de *ronces* et de *serpents,* m'amena jusqu'à la porte d'argent.

Pan! Pan!

– Qui frappe? me fait une voix sombre.

– Le curé de Cucugnan.

– De ...?

– De Cucugnan.

– Ah!... Entrez.

J'entrai. Un grand bel ange, avec des *ailes* sombres comme la nuit, avec une robe brillante comme le jour, avec une clef de diamant pendue à sa *ceinture,* écrivait, *cra-cra,* dans un grand livre plus gros que celui de saint Pierre ...

– Finalement, que voulez-vous et que demandez-vous? dit l'ange.

– Bel ange de Dieu, je veux savoir, – je suis bien curieux peut-être, – si vous avez ici les Cucugnanais.

– Les ...?

---

cra-cra, bruit qu'on fait en écrivant

four

– Les Cucugnanais, les gens de Cucugnan . . . ,
car c'est moi qui suis leur prêtre.

– Ah! l'abbé Martin, n'est-ce pas?

– A votre service, monsieur l'ange.

– Vous dites donc Cucugnan . . .

Et l'ange ouvre son grand livre et tourne les
pages.

portail

fourche

démon

– Cucugnan, dit-il en poussant un long soupir. Monsieur Martin, nous n'avons en purgatoire personne de Cucugnan.

– Jésus! Marie! Joseph! personne de Cucugnan en purgatoire! Ô grand Dieu! où sont-ils donc?

– Eh! saint homme, ils sont en paradis. Où voulez-vous qu'ils soient?

– Mais j'en viens, du paradis...

– Vous en venez! Eh bien?

– Eh bien! ils n'y sont pas!

– Que voulez-vous, monsieur le curé! s'ils ne sont ni en paradis, ni en purgatoire, il n'y a pas de milieu. Ils sont...

– Sainte-Croix! Jésus! Aï! aï! aï! est-il possible? Pauvres nous! comment irai-je en paradis si mes Cucugnanais n'y sont pas?

– Écoutez, mon pauvre monsieur Martin, puisque vous voulez à tout prix être sûr de tout ceci, prenez ce sentier, courez, si vous savez courir... Vous trouverez, à gauche, un grand *portail*. Là, on vous donnera tous les *renseignements*.

Et l'ange ferma la porte.

C'était un long sentier tout couvert de *braise* rouge. Je marchais comme si j'avais bu. A chaque pas, je manquais de tomber. J'étais tout en *sueur*, et je mourais de soif. Mais, grâce aux sandales que le bon saint Pierre m'avait prêtées, je ne me brûlai pas les pieds.

Enfin, je vis à ma main gauche une porte... non, un portail, un énorme portail, *grand-ouvert*, comme

---

portail, voir illustration pages 32 et 33
renseignement, chose que l'on apprend
braise, bois brûlant, très chaud
sueur, liquide qui apparaît sur le corps quand on a très chaud
grand-ouvert, complètement ouvert

la porte d'un immense *four*. Oh! mes enfants, quel spectacle! Là, on ne me demande pas mon nom. Là, pas de livre. Par groupes entiers, on entre là, mes frères, comme le dimanche vous entrez au *cabaret*. Je tremblais de peur. Mes cheveux se dressaient sur ma tête. L'air sentait le brûlé. J'entendais des hurlements terribles.

– Eh! bien! entres-tu ou n'entres-tu pas, toi? me fait, en me piquant de sa *fourche*, un *démon* aux grandes cornes.

– Moi? Je n'entre pas. Je suis un ami de Dieu.

– Tu es un ami de Dieu... Eh! Diable! que viens-tu faire ici?

– Je viens... Ah! ne m'en parlez pas, car je ne peux plus me tenir sur mes jambes. Je viens . . . je viens de loin, *humblement* vous demander si... si, par hasard ... vous n'auriez pas ici ... quelqu'un ... quelqu'un de Cucugnan...

– Ah! feu de Dieu! Tu fais la bête, toi, comme si tu ne savais pas que *tout* Cucugnan est ici. Tiens, regarde, et tu verras comme nous les arrangeons ici, tes *fameux* Cucugnanais . . .

---

four, fourche, démon, voir illustration pages 32 et 33
cabaret, endroit où l'on danse
humblement, comme qn qui se sent en position inférieure; ici : avec respect
tout, ici : tous les habitants
fameux, dont tout le monde parle

Et je vis, au milieu d'une énorme flamme, tous mes Cucugnanais. Il y avait Coq-Galine, que vous avez tous connu, mes frères, et qui avait toujours une bouteille à la main. Je vis Catarinet, cette fille de rien, qui couchait toute seule à la *grange*. Vous vous en souvenez sûrement! Je vis Pascal, qui faisait son *huile* avec les *olives* de M. Julien. Et Dauphine, qui vendait si cher l'eau de son *puits*. Et Coulau, et Jacques, et Pierre, et Toni . . .

olive   blé

Ému, blanc de peur, l'*auditoire* trembla, en voyant dans l'enfer tout ouvert, l'un son père, l'autre sa mère, une grand-mère par ci et une sœur par là . . .

– Vous comprenez bien, mes frères, reprit le bon abbé Martin, vous comprenez bien que ceci ne peut pas durer. Je *suis responsable* de vos âmes, et je veux, je veux vous sauver. Demain je me mets au travail, pas plus tard que demain. Et le travail ne

---

grange, bâtiment de ferme, où l'on met le blé coupé
huile, matière grasse qui sert à faire la cuisine
auditoire, ceux qui écoutent qn parler
être responsable, avoir la charge morale de qn

36

manquera pas! Voici comment je vais agir. Pour tout faire bien, il faut tout faire avec ordre.

puits

– Demain lundi, je *confesserai* les vieux et les vieilles. Ce n'est rien.

– Mardi, les enfants. J'aurai bientôt fini.

– Mercredi, les garçons et les filles. Cela pourra être long.

– Jeudi, les hommes. Je *couperai court*.

– Vendredi, les femmes. Je dirai : pas d'histoires!

– Et si samedi nous avons fini, nous serons bien heureux.

– Voyez-vous, mes chers enfants, quand le *blé* est mûr, il faut le couper. Quand le vin est fait, il faut le boire. Voilà assez de *linge* sale, il s'agit de le laver, et de le bien laver.

---

confesser (qn), obtenir des aveux
couper court, empêcher qu'une chose dure trop longtemps
linge, ensemble de vêtements

– C'est la *grâce* que je vous souhaite. Amen!

Ce qui fut dit fut fait. Quelle belle *lessive!* Et, depuis ce dimanche *mémorable,* le parfum des *vertus* de Cucugnan se sent à dix *lieues* de là.

Questions

1. Croyez-vous que le curé ait réellement fait ce rêve? Pourquoi le raconte-t-il?

2. Qu'apprend-il en arrivant chez saint Pierre?

3. Comment est-il ensuite reçu en purgatoire?

4. Que voit-il enfin en arrivant en enfer?

5. Que sont devenus par la suite les habitants de Cucugnan?

---

grâce, secours que Dieu accorde à l'homme
lessive, action de laver le linge
mémorable, dont on se souvient longtemps
vertu, qualité morale qui fait que l'on se conduit bien
lieue, ancienne mesure de distance (env. 4 km)

Le *secret* de *maître* Cornille

Maître Cornille était un vieux *meunier,* qui vivait depuis soixante ans dans la *farine* et était passionné pour son travail. Depuis qu'on avait installé des *minoteries,* il était devenu comme fou. Pendant huit jours, on le vit courir partout dans le village, criant de toutes ses forces qu'on voulait *empoisonner la Provence* avec la farine des minotéries.

– N'allez pas là-bas, disait-il. Ces gens-là, pour faire le pain, se servent de la *vapeur,* qui est une *invention* du diable, tandis que moi je travaille avec le vent, qui est la respiration du bon Dieu.

Et il trouvait une foule de belles paroles pour *louer* son *moulin à vent,* mais personne ne l'écoutait.

Alors, furieux, le vieux s'enferma dans son moulin et vécut tout seul comme une bête *sauvage.* Il

---

secret, ce qu'on cache aux autres
maître, ici : propriétaire du moulin à vent
meunier, farine, moulin à vent, voir illustration pages 40 et 41
minoterie, endroit où l'on prépare la farine d'une manière industrielle
empoisonner, donner à manger qc qui peut rendre malade ou tuer
la Provence, région au sud-est de la France
vapeur, eau qui devient gaz quand on la chauffe
invention, chose créée par qn
louer, dire beaucoup de bien de qn ou qc
sauvage, qui vit loin des hommes et des maisons

moulin à vent

ne voulut même pas garder près de lui sa *petite-fille* Vivette, une enfant de quinze ans, qui, depuis la mort de ses parents, n'avait plus que son grand-père au monde. La pauvre petite fut obligée de *gagner sa vie* en travaillant un peu partout dans les fermes.

Et pourtant son grand-père semblait bien l'aimer, cette enfant-là. Il lui arrivait souvent de faire

---

petite-fille, la fille de son fils ou de sa fille
gagner sa vie, travailler pour vivre

farine   meunier

ses cinq kilomètres à pied en plein soleil pour aller la voir dans la ferme où elle travaillait. Et
quand il était près d'elle, il passait des heures
entières à la regarder en pleurant.

Les gens du village pensaient que le vieux
meunier avait *renvoyé* Vivette, parce que cela lui
coûtait trop cher de la garder auprès de lui. Et on
trouvait très mal qu'il la laisse aller ainsi d'une
ferme à l'autre. On trouvait très mal aussi qu'un

---

renvoyer (qn), faire partir

41

homme de la réputation de maître Cornille, qui, jusque-là, s'était respecté, se promenât dans les rues comme un vrai *bohémien,* pieds nus, les vêtements *déchirés.* Le dimanche, lorsqu'on le voyait entrer à la messe, les gens *avaient honte* pour lui. Et Cornille le sentait bien et il n'osait plus venir s'asseoir sur un banc. Toujours il restait au fond de l'église, avec les pauvres.

Dans la vie de maître Cornille, il y avait quelque chose qui n'était pas clair. Depuis longtemps personne, au village, ne lui portait plus de blé, et pourtant les ailes de son moulin tournaient toujours comme avant. Le soir, on rencontrait par les chemins le vieux meunier poussant devant lui son âne chargé de gros sacs de farine.

– Bonsoir, maître Cornille! lui criaient les paysans. Ça va donc toujours, le moulin?

– Toujours, mes enfants, répondait le vieux d'un air content. Dieu merci, ce n'est pas le travail qui nous manque.

Les gens se demandaient d'où lui venait tout ce travail, mais personne n'osait mettre le nez dans son moulin. Même la petite Vivette n'y entrait pas.

Lorsqu'on passait devant, on voyait la porte tou-

---

bohémien, homme qui va sur les routes, qui ne vit jamais dans le même lieu
déchirer, mettre en morceaux
avoir honte, se sentir mal à l'aise

jours fermée, et les grosses ailes tournaient. Tout cela sentait le *mystère* et faisait beaucoup parler les gens. Chacun expliquait à sa façon le secret de maître Cornille, mais le *bruit* général était qu'il y avait dans ce moulin-là encore plus de sacs d'*écus* que de sacs de farine.

Un beau jour, pourtant, tout se découvrit. Voici comment :

En regardant danser la *jeunesse,* je m'aperçus que l'aîné de mes garçons et la petite Vivette étaient tombés amoureux l'un de l'autre.

Au fond, je n'en *fus* pas *fâché,* parce qu'après tout le nom de Cornille était en honneur chez nous, et puis cela m'aurait fait plaisir de voir ce joli petit oiseau de Vivette aller et venir dans ma maison. Seulement, comme nos amoureux avaient souvent l'occasion d'être ensemble, je voulus régler l'affaire tout de suite. Je montai donc jusqu'au moulin pour en dire deux mots au grand-père. Ah! le vieux fou! il faut voir de quelle manière il me reçut! Im-

---

mystère, qc qui n'est pas normal; ici : qui éveille des soupçons
bruit, ici : ce que disent les gens
écu, ancienne monnaie
jeunesse, ensemble des jeunes gens et des jeunes filles
être fâché, être en colère contre qn

possible de lui faire ouvrir sa porte. Je lui expliquai mes raisons, à travers le trou de la *serrure*. Mais le vieux ne me donna pas le temps de finir, et me cria de retourner chez moi ; que si je voulais absolument *marier* mon fils, je pouvais bien aller chercher des filles à la minoterie . . .

Le sang me montait à la tête d'entendre ces mauvaises paroles, mais je ne laissai pas ma colère éclater, et je revins annoncer aux enfants ce qui m'était arrivé. Ces pauvres amoureux ne pouvaient pas y croire. Ils me demandèrent s'ils pouvaient monter tous deux ensemble au moulin, pour parler au grand-père. Je n'eus pas le courage de refuser, et voilà mes amoureux partis.

Juste comme ils arrivaient là-haut, maître Cornille venait de sortir. La porte était fermée, mais le vieux meunier, en partant, avait laissé son *échelle* dehors. Tout de suite, l'idée vint aux enfants d'entrer par la fenêtre, voir un peu ce qu'il y avait dans ce fameux moulin . . .

Chose *incroyable!* le moulin était vide. Pas un sac, pas un *grain* de blé. Mais dans un coin ils trou-

---

serrure, endroit, dans la porte, où l'on met la clef
marier (qn), lui trouver une femme
échelle, appareil en bois qui sert à monter
incroyable, que l'on ne peut pas croire
grain, le fruit du blé

vèrent trois ou quatre sacs *crevés* d'où sortaient du *gravier* et du *plâtre*.

C'était là le secret de maître Cornille! C'était ce plâtre qu'il promenait le soir dans les rues, pour sauver l'honneur du moulin et faire croire qu'on y faisait de la farine. Pauvre moulin! Pauvre Cornille!

Les enfants revinrent en larmes, me raconter ce qu'ils avaient vu. Cela me fit mal au cœur de les entendre. Sans perdre une minute, je courus chez les *voisins,* je leur dis la chose en deux mots, et nous décidâmes qu'il fallait vite porter au moulin tout ce qu'il y avait de blé dans les maisons. Aussitôt, tout le village se met en route, et nous arrivons là-haut avec une *procession* d'ânes chargés de blé, du vrai blé, celui-là.

Le moulin était grand-ouvert. Devant la porte, maître Cornille, assis sur un sac de plâtre, pleurait, la tête dans ses mains. Il venait de s'apercevoir, en rentrant, que pendant son absence on était entré chez lui et on avait surpris son triste secret.

---

crevé, avec des trous dedans
gravier, de toutes petites pierres
plâtre, poudre qui, mélangée à l'eau, puis séchée, forme une masse solide
voisin, personne qui habite près de qn
procession, longue suite de personnes

– Pauvre de moi! disait-il. Maintenant, je n'ai plus qu'à mourir. Le moulin est *déshonoré*.

Et il sanglotait à chaudes larmes, appelant son moulin par toutes sortes de noms, lui parlant comme à une personne.

A ce moment, les ânes arrivent devant le moulin, et nous nous mettons tous à crier très fort comme au beau temps des meuniers :

– Ohé! du moulin! Ohé! maître Cornille!

Et voilà les sacs qui *s'entassent* devant la porte, et le beau grain qui tombe par terre, de tous côtés.

Maître Cornille ouvrait de grands yeux. Il avait pris du blé dans le *creux* de sa vieille main et il disait, riant et pleurant à la fois :

– C'est du blé! Mon Dieu! du bon blé! Laissez-moi, que je le regarde.

Puis, se tournant vers nous :

– Ah! je savais bien que vous reviendriez. Tous ces *minotiers* sont des *voleurs*.

Nous voulions l'emporter en triomphe au village, mais il dit :

– Non, non, mes enfants. Il faut avant tout que

---

déshonoré, qui a perdu son honneur
s'entasser, mettre en trop grand nombre en un même lieu
creux, milieu de la main (= paume)
minotier, propriétaire d'une minoterie
voleur, personne malhonnête qui prend ce qui est à une autre personne

j'aille *nourrir* mon moulin. Pensez donc! il y a si longtemps qu'il n'a rien eu à manger.

Et nous avions tous des larmes dans les yeux de voir le pauvre vieux se mettre à travailler avec passion, comme autrefois.

Et, à partir de ce jour-là, jamais nous ne laissâmes le vieux meunier manquer de travail. Puis, un matin, maître Cornille mourut, et les ailes de notre dernier moulin cessèrent de tourner, pour toujours cette fois...

Questions

1. Quel est le malheur qui arrive au vieux meunier?

2. Pourquoi renvoit-il sa petite-fille?

3. Comment cache-t-il qu'il n'a pas de travail?

4. Comment s'aperçoit-on de son secret?

5. Que font les gens du village pour l'aider?

6. Comment maître Cornille réagit-il?

---

nourrir, donner à manger

TABLE DES MATIÈRES